THIAGO PENZIN ALVES MARTINS
Mestrando em Teoria do Direito pelo Programa de Pós-graduação em
Direito da Pontifícia Universidade Católica de Minas Gerais.
Graduado em Direito pela Pontifícia Universidade Católica de
Minas Gerais e em História pela Universidade Federal de Minas
Gerais. Advogado.

I0397497

DIREITO COMUNITÁRIO DO TRABALHO: ASPECTOS FUNDAMENTAIS

Lulu Publishing

Dados Internacionais de Catalogação na Publicação (CIP)

Direito Comunitário do Trabalho: Aspectos Fundamentais.

Autor: Thiago Penzin Alves Martins. Raleigh, Carolina do Norte, Estados Unidos da América: Lulu Publishing, 2012.
80 p.

ISBN 978-1-105-74504-1

Obra jurídica acerca do Direito Comunitário do Trabalho.

1. Direito Comunitário do Trabalho. 2. Direito da União Europeia e Mercosul. 3. Thiago Penzin Alves Martins.

À minha família, mas principalmente à minha mãe e a meu irmão, minhas bases de sustentação.

AGRADECIMENTOS

Agradeço enormemente ao Professor Dr. Vitor Salino de Moura Eça, pela cordialidade e atenção prestados durante a elaboração de minha monografia de final de curso em Direito pela Pontifícia Universidade Católica de Minas Gerais.

À Professora Dra. Lusia Ribeiro Pereira, pela atenção e carinho prestados.

À Renata Furtado, Doutoranda do Programa de Pós-graduação em Direito da Pontifícia Universidade Católica de Minas Gerais, pelo enorme auxílio na editoração desse livro.

A meus colegas e amigos, pelo apoio e enorme presteza, pelas críticas sempre oportunas.

A minha pequena Kaká, por tudo.

Aos meus professores, pela transmissão do conhecimento que me foi tão útil e agradável durante toda minha trajetória acadêmica.

APRESENTAÇÃO

Este livro constitui o resultado de meus esforços iniciais para a redação de meu trabalho monográfico de conclusão do curso de graduação em Direito na Pontifícia Universidade Católica de Minas Gerais, que foi agraciado com a nota 100 (cem) pela banca composta pelo Professor Dr. Vitor Salino de Mora Eça, Professor Ms. Davidson Mallaco e pela Mestranda Aline Carneiro Magalhães, e de acréscimos feitos desde então.

Ressalta-se que este trabalho tem o intuito de analisar e discorrer sobre a possibilidade de implementação de um Tribunal, ou de seções trabalhistas supranacionais específicas no interior dos Estados-membros do Mercosul, levando também em consideração a necessidade de harmonização das normas justrabalhistas.

O modelo europeu de integração atual serve como norte para o Direito Comunitário existente no mundo, já que constitui o mais avançado e estruturado, não só em termos de normatividade, mas também em termos políticos e sociais.

Trata-se de conseguir, por fim, alcançar um Direito do Trabalho do Mercosul, através da construção comunitária de um ordenamento completo para solução de controvérsias entre particulares (mais especificamente trabalhadores), e empresas, sistema este que não se encontra ainda plenamente consolidado no Mercado Comum do Sul.

O Autor

"Posso não concordar com uma só palavra sua, mas defenderei até a morte o seu direito de dizê-lá".

Evelyn Beatrice Hall

Direito Comunitário do Trabalho: Aspectos Fundamentais

SUMÁRIO

Direito Comunitário do Trabalho: Aspectos Fundamentais

Direito Comunitário do Trabalho: Aspectos Fundamentais

Direito Comunitário do Trabalho: Aspectos Fundamentais

Direito Comunitário do Trabalho: Aspectos Fundamentais

1 INTRODUÇÃO

Diante do fenômeno da globalização, que abarca a tudo e a todos, as relações de trabalho se tornam cada vez mais complexas em decorrência da maior facilidade de locomoção e da abertura de oportunidades, criando assim, novos desafios para o Direito do Trabalho.

Têm-se assistido com frequência ao fenômeno da denominada "migração cerebral", o qual consiste na migração de trabalhadores altamente qualificados para zonas de produção tecnológica altamente desenvolvidas, no intuito de aumentar a competitividade e a força destas áreas.

No Mercosul isto não é diferente. Uma enorme quantidade de trabalhadores migra no interior Estados-membros, em virtude não só do benefício da livre circulação de serviços, mas para tentar melhores condições de vida, o que vem gerando benefícios para o Mercado Comum e ampliando a capacidade produtiva deste.

Entretanto, a migração de trabalhadores está propícia a uma enorme gama de conflitos e divergências, frutos de uma diversidade natural existente no ordenamento justrabalhista vigente nos Estados-membros.

Este espaço comunitário necessita de uma formatação estrutural, dando lugar ao Direito Comunitário do Trabalho, que vem para tentar tornar

Direito Comunitário do Trabalho: Aspectos Fundamentais

eficazes e homogêneas as soluções dadas a conflitos que envolvam trabalhadores que estão inseridos nessas áreas de integração; atualmente muito mais do que simples blocos econômicos como costumava denominar a nomenclatura clássica.

Com isto, a criação de um Tribunal supranacional no âmbito do Mercado Comum do Sul (MERCOSUL), específico para lidar com controvérsias oriundas de trabalhadores migrantes, e com o objetivo de harmonizar as legislações trabalhistas dos membros do Mercosul, se torna uma alternativa viável e interessante para os Estados, vez que busca implementar uma maior integração econômica entre os mesmos, e favorece aos trabalhadores, que se encontram na quase absoluta maioria das vezes, em situação de hipossuficiência em relação as grandes corporações para as quais exercem suas atividades.

O modelo europeu de organização e de cooperação internacional constitui atualmente, no plano internacional, aquele mais avançado em termos de integração política, econômica, social e cultural; enfim, trata-se de padrão de referência para a construção do Direito Comunitário em todos os diversos modelos existentes na atualidade.

Diante disto, a Europa alcançou também um modelo judiciário comunitarizado, tendo os estados constituidores da União Européia convergido para interesses jurídicos comuns e para ideais de construção jurídica convergentes.

Direito Comunitário do Trabalho: Aspectos Fundamentais

Entretanto, a criação de tribunais de competência para julgamento em todo o âmbito europeu poderia inicialmente ser um atentado ao princípio da soberania, tendo em vista que se colocaria uma estrutura judiciária extrínseca àquela do Estado para dirimir suas divergências.

Mas não é isto que ocorreu com a ascensão do modelo supranacional europeu.

> A União Européia distingue-se das tradicionais associações entre estados por um aspecto fundamental: reúne países que renunciaram a uma parte da respectiva soberania em favor da comunidade européia, tendo conferido a esta última poderes próprios e independentes dos estados membros (BORCHARDT, 2000, p. 7).

Apesar de haverem divergências se realmente podemos denominar o que ocorre na união européia de *supranacionalidade*, notório é que se alcançou algo completamente diferente das estruturas estatais comumente vislumbradas, estrutura essa que poderíamos sem sombra de dúvidas denominar de *"sui generis"*.

Conforme demonstra Mário Lúcio Quintão Soares (2000, p. 2002)

Direito Comunitário do Trabalho: Aspectos Fundamentais

As Comunidades europeias veem-se reguladas internamente por normas assentes em ordenamento jurídico *sui generis*, de caráter derivado unilateral e supranacional, alicerçadas em tratados comunitários, gerando direitos e obrigações e vinculando as instituições comunitárias, os Estados-membros e as pessoas físicas e jurídicas.

Far-se-á, também, uma analise pormenorizada da existência de uma supranacionalidade que se sobrepõe aos Estados tomados individualmente. O instituto da supranacionalidade é extremamente inovador e constitui objetivo de grande parte dos blocos de convergência existentes no mundo. Ter-se-ão como paradigma para o Mercosul algumas normas do Direito da União Européia, já que, como já mencionado anteriormente, este constitui o sistema comunitário modelo na atualidade.

2 PRINCIPIOS BASILARES DE DIREITO COMUNITÁRIO

Os princípios do Direito Comunitário constituem fundamento e são, por excelência, normas estruturantes de qualquer sistema jurídico e institucional de integração e comunitarização. Portanto faz-se necessária a utilização

Direito Comunitário do Trabalho: Aspectos Fundamentais

de princípios como meios de ordenar a atuação dos entes comunitários.

Estes princípios revelam a aplicação processualística das normas comunitárias e indicam a constituição de um ordenamento completamente diverso dos modelos jurídicos clássicos, pautado por excelência na prevalência dos interesses comunitários em detrimento dos interesses individuais de cada Estado e na autonomia das normas comunitárias.

Segundo Quintão (2000, p. 231)

> Baldadas as críticas ao ordenamento supranacional europeu, há de se reconhecer que os princípios fundamentais norteadores da Comunidade Européia, apesar da inexistência de catálogo de direitos fundamentais devidamente constitucionalizado nos tratados instituidores das Comunidades, entronizam declarações sobre direitos do homem e democracia.

Portanto, far-se-á uma apertada análise destes elementos de coesão comunitária no sentido de explicitar o papel deles na consolidação do *telos* comunitário.

Direito Comunitário do Trabalho: Aspectos Fundamentais

2.1 Princípios da igualdade de tratamento, da não discriminação e da liberdade

Conforme dispõe João Mota de Campos, a igualdade dos Estados implica que *"nenhum deles pode reivindicar uma situação de privilégio em face dos seus parceiros - fora dos casos, rigorosamente circunscritos, em que os tratados o admitem".* (grifo nosso) (CAMPOS, 1997, p.172).

Este princípio também se estende aos particulares exclusivamente pelo fato de serem cidadãos de qualquer Estado membro. Os princípios citados anteriormente de nada valem se não amparados também pelo princípio da liberdade, pois só são possíveis de se consumar se se pensar na liberdade do cidadão.[1] A liberdade comunitária se consubstancia de várias formas, seja na livre circulação de bens, produtos e serviços, seja na própria liberdade de locomoção das pessoas físicas em todo o espaço comunitário.

O tratamento dispensado a determinado estado deve ser o mesmo dispensado a todos os outros na mesma situação fática, pelo que deve ser avaliada a igualdade material a qual estão sujeitos, no intuito de proporcionar uma efetiva igualdade de tratamento.

Se, por exemplo, determinado produto entra no território de determinado Estado-membro sob uma tarifa,

---

1 Ver processo número 10/78, BELBOUAB, Tribunal de Justiça das Comunidades Europeias.

esta mesma tarifa deverá ser aplicada a um mesmo produto derivado de outro Estado-membro, sob pena de se ferir o princípio exposto acima.

2.2 Os princípios da solidariedade, da coesão comunitária e da preferência comunitária

O princípio da solidariedade implica, indiscutivelmente, um dever geral de cooperação, e, por conseqüência, determina uma ação geral dos Estados no sentido de convergência ou coesão para determinados objetivos comuns.

Este princípio deixa explícito que se os Estados-membros escolheram ser partes constituintes da Comunidade, isto necessariamente significa que estes colaborarão para o desenvolvimento mútuo desta, não sobrepondo seus interesses em detrimento dos interesses da União.

Em acórdão[2] proferido pelo Tribunal de Justiça das Comunidades Européias, o mesmo entendeu que

---

2 Acórdão Com./Itália de 7 de fevereiro de 1973, Tribunal de Justiça das Comunidade Europeias.

Direito Comunitário do Trabalho: Aspectos Fundamentais

> o fato de um Estado romper unilateralmente, segundo a concepção que forma do seu interesse nacional, o equilíbrio entre as vantagens e as obrigações decorrentes da sua participação na comunidade põe em causa a igualdade dos Estados-membros em face do Direito Comunitário e origina uma discriminação contra os particulares e, antes de mais, contra os próprios cidadãos do Estado que se coloca à margem da regra comunitária. (CAMPOS, 2004, p. 359)

Vale ressaltar que os princípios supramencionados também constituem um meio de reduzir ou amenizar as nuances econômicas e sociais existentes entre os Estados-membros, no sentido de buscar proporcionar as mesmas condições para que os Estados pertencentes à Comunidade se desenvolvam. A permissão de entrada, principalmente dos países do Leste Europeu ao bloco, demonstra que a União pretende expandir seus limites através da coesão e da ajuda mútua, com a finalidade precípua de criação do que poderíamos vulgarmente chamar de "Estados Unidos da Europa".

Os princípios elencados acima impedem que determinado Estado, em situação a qual certas normas comunitárias possa lhe parecer prejudiciais, possa se abster de aplicar as mesmas.

Direito Comunitário do Trabalho: Aspectos Fundamentais

2.3 Princípio do equilíbrio institucional

Este princípio é de fundamental importância e consiste no respeito a divisão de competências existentes e impostas pelos acordos comunitários entre os Estados.

Conforme menciona CAMPOS (1997, p. 176), este princípio tem origem no acórdão de 13 de junho de 1958, prolatado no processo 9/56 pelo Tribunal de Justiça das Comunidades Européias, no qual o tribunal considerou que é permitido ver no equilíbrio de poderes característicos da estrutura institucional da Comunidade uma garantia fundamental concedida pelo Tratado, nomeadamente às empresas e associações de empresas a que se aplica.

Cada órgão comunitário, seja o Conselho, seja o Parlamento, seja a comissão, se estrutura sobre pilares normativos os quais lhes garantem autonomia e independência, além de determinar qual é o limite da competência de cada um no exercício e na execução de atos jurídicos.

O aspecto basilar de constituição de uma instituição pautada em uma estrutura de subordinação, revela que a Comunidade deve respeitar aquilo que foi determinado pela própria instituição, para que o equilíbrio ou balanceamento de funções e atribuições permaneça respeitado conforme prevêem os tratados instituidores.

Direito Comunitário do Trabalho: Aspectos Fundamentais

2.4 Princípios relativos à garantia da eficácia do direito comunitário na ordem interna dos estados-membros

Os princípios supramencionados visam dar suporte a primazia das normas do Direito Comunitário em detrimento das normas de direito interno dos Estados constituintes, uma vez que a implementação de um Direito eminentemente Comunitário é essencial para a própria existência da Comunidade.

Os tratados e instrumentos utilizados pelos órgãos da Comunidade constituem normas peremptórias e inderrogáveis, salvo senão por aqueles dotados de competência para tal ato de revogação.

Discute-se se, através da criação de normas comunitárias, se houve apenas a concessão de poderes soberanos, que podem ser tomados de volta a qualquer tempo pelo Estado delegatário, ou se há delegação, na qual o Estado abdica de determinado poder soberano.

Mas fato é que a garantia de prevalência da primazia do Direito da União Européia é substrato lógico para a eficácia do mesmo, já que sem normas, não há Direito. Os princípios da primazia, da aplicabilidade direta ou efeito imediato, da autonomia do Direito Comunitário e da subsidiariedade serão tratados a seguir.

Direito Comunitário do Trabalho: Aspectos Fundamentais

3 PRINCÍPIOS ESTRUTURAIS DE DIREITO COMUNITÁRIO

A garantia da eficácia e da real e efetiva aplicação do Direito Comunitário passa necessariamente pelos princípios que serão expostos, quais sejam, (i) *o princípio da aplicabilidade direta ou efeito imediato*, (ii) *o princípio da primazia do Direito Comunitário em detrimento do direito interno dos Estados-membros*, (iii) *o princípio da autonomia do Direito Comunitário* e o (iv) *princípio da subsidiariedade*.

Estes refletem a teoria da supranacionalidade, ou seja, os princípios se localizam no ápice da própria Comunidade como garantidores da prevalência desta e de seus objetivos em detrimento dos objetivos individuais dos Estados que a compõe.

Conforme explícito no Boletim da Comunidade Européia, n. 3, de 1978 *"a aplicação destes princípios implica regime político de democracia pluralista, que garante a representação de opiniões na organização constitucional dos poderes e processos necessários à proteção dos direitos do Homem"*. (grifo nosso)

Neste sentido, não há Direito Comunitário efetivamente vigente se não houver a aplicação cogente dos princípios mencionados a seguir.

Direito Comunitário do Trabalho: Aspectos Fundamentais

3.1 O princípio da aplicabilidade direita ou efeito imediato

O princípio da aplicabilidade direta ou efeito imediato se refere ao ordenamento jurídico da Comunidade, que, por meio de suas normas e regulamentações, institui regras que são aplicadas imediatamente no âmbito interno dos Estados-membros, sem a necessidade de incorporação das mesmas. Assim,

> Embora emanado de uma fonte comunitária autônoma – exterior (ou superior) aos Estados – a maior parte das normas comunitárias não carecem de quaisquer medidas de nacionalização ou recepção – incorporadas na ordem jurídica interna dos Estados-membros *para aí serem aplicadas pelos tribunais nacionais (considerados como tribunais comuns da ordem jurídica comunitária), em todos os casos que resulte diretamente para qualquer pessoa um direito ou uma obrigação (grifo nosso).* (TAVARES, 2000, p. 24)

Pode se perceber que o ordenamento jurídico interno dos Estados-membros da Comunidade não foge da obrigação de aplicar as normas de Direito emanadas pela Comunidade, mesmo que o direito interno esteja em desconformidade com as mesmas.

Direito Comunitário do Trabalho: Aspectos Fundamentais

Esta aplicação não consiste em uma agressão ao princípio da soberania, mas ao contrário, garante a comunitarização e a reciprocidade de aplicação do Direito nos Estados, garantia esta indispensável para o funcionamento do sistema jurídico europeu.

Conforme explicita CAMPOS (1997, p. 243), a *aplicabilidade direta ou efeito imediato* comportaria três fatores:

a) a vigência das normas comunitárias na ordem jurídica interna *sem a sujeição a qualquer processo nacional de recepção* – porque só assim é garantida a plenitude dos seus efeitos de maneira uniforme em todos os Estados-membros e porque sem vigência interna dessas normas os tribunais nacionais não poderiam, evidentemente, ser solicitados a aplicá-las nos litígios submetidos a seu julgamento[3];

---

3 No caso SIMMENTAL (Tribunal de Justiça das Comunidades Europeias), deixou-se expresso que as disposições do Direito da União Europeia "fazem parte integrante da ordem jurídica do território de cada Estado-membro". O Tribunal também já havia decidido no caso LEONESIO que "os regulamentos comunitários, para se imporem com a mesma força em relação aos cidadãos de todos os Estados-membros, integram-se no sistema jurídico aplicável no território nacional, que deve permitir que o efeito direto prescrito no artigo 189 se manifeste de tal modo que os particulares possam invocá-los sem que lhes sejam oponíveis disposições ou práticas de ordem interna". Disponível em: http://curia.europa.eu/jcms/jcms/j_6/.

Direito Comunitário do Trabalho: Aspectos Fundamentais

b) a produção de um efeito direto ou imediato na esfera jurídica dos sujeitos da União Européia, haja vista que pode ocorrer contrariedade em um caso concreto de uma norma de direito interno que entre em conflito direto com norma comunitária;

c) a salvaguarda, pelo juiz nacional, dos direitos conferidos pela norma comunitária, tendo em vista que sempre que a aplicação desta for solicitada por qualquer sujeito comunitário em prol de seus direitos, *ela deverá ser aplicada.*

Mas vale ressaltar que a aplicação direta de normas comunitárias não implica necessariamente sua vigência imediata, pois estas não passaram diversas vezes pelo processo legislativo comunitário ou não possuem o condão de fazê-lo, mas a partir do momento em que é suscitada discordância por qualquer sujeito, entre norma de direito interno e norma comunitária, esta passa a prevalecer sobre aquela, sob pena de estar se ferindo o princípio do direito comunitariamente adquirido.

As questões comunitárias se distinguem das questões domésticas; entretanto, o juiz nacional é automaticamente obrigado a aplicar o Direito Comunitário em face do direito nacional em situações suscitadas que envolvam e necessitem da aplicação da matéria comunitária.

Direito Comunitário do Trabalho: Aspectos Fundamentais

A aplicação de normas comunitárias não requer qualquer tipo de processo de incorporação, haja vista que a preponderância da comunidade no Direito da União Européia deve ser marca fundamental de constituição, com vistas à implementação de um modelo de estado supranacional.

3.2 O princípio da primazia

Pode-se dizer que o princípio da primazia sustenta o princípio da aplicabilidade direta no âmbito do Direito Comunitário, uma vez que aquele consagra a primazia do próprio em detrimento do direito doméstico dos Estados-membros.

A aplicabilidade e o efeito imediato dado às normas comunitárias só pode ser pensado considerando a prevalência das mesmas, visto que a inexistência desta prevalência colocaria em xeque o próprio Direito Comunitário. A coesão européia reside em sua própria prevalência, sendo que a supranacionalidade normativa concede caráter peculiar a estrutura vigente.

O Tribunal de Justiça da Comunidade Européia, em sede do Acórdão prolatado no caso *Costa/Enel,* deixou claro o princípio da primazia, ao colocar em debate a questão da lei de nacionalização do setor de eletricidade italiano.

Direito Comunitário do Trabalho: Aspectos Fundamentais

Neste caso, o Tribunal entendeu que os Estados delegaram poderes soberanos a União Européia como forma de consolidação do ideal de Comunidade prescrito nos tratados constituintes, sendo que esta *delegação foi definitiva*, e declarou a impossibilidade de se suscitar discussão quanto à particularidade da ordem jurídica comunitária no que concerne a imposição de suas normas, uniforme e conjunta a todos os membros da comunidade.

Vale ainda ressaltar, conforme brilhantemente expõe o Mestre Fernando Horta Tavares (2000, p. 26). que *"as disposições nacionais que regem os conflitos entre as normas jurídicas não se aplicam às relações com a legislação comunitária, pois esta não é parte integrante da legislação nacional. Em conseqüência, qualquer conflito entre a legislação comunitária e a legislação nacional deve ser resolvido com base na ordem jurídica comunitária"* (grifo nosso).

Ainda menciona CAMPOS (1997, p. 321) que "o Direito [Comunitário] é distinto da ordem internacional, quer em virtude de sua finalidade própria quer da sua origem específica", pois:

a) em virtude de sua finalidade própria, [...] *a finalidade dos tratados não é instituir um simples sistema de coordenação de soberanias mas, antes, uma comunidade autônoma, investida de autoridade institucional própria, com vistas ao estabelecimento progressivo de uma **ordem de subordinação** das ordens*

29

Direito Comunitário do Trabalho: Aspectos Fundamentais

jurídicas internas e dos interesses nacionais ao interesse comunitário (grifo nosso);

b) em virtude de sua finalidade de origem, *as fontes do Direito [Comunitário] são não apenas instrumentos internacionais que os Estados-membros da Comunidade concluíram entre si, mas também os atos que a autoridade institucional está habilitada a adotar para boa execução dos tratados.*

Percebe-se, então, que o objetivo primordial do estabelecimento do princípio da primazia é tornar o espaço comunitário um ambiente diversificado do ambiente interno dos Estados-membros, que se consubstancia na delegação e conseqüente desconsideração da soberania dos Estados no contexto comunitário em prevalência da própria comunidade.

A própria executabilidade do Direito Comunitário depende inegavelmente da atribuição de primazia do mesmo, e a sua desconsideração causaria um colapso no sistema institucional da Comunidade em virtude das enormes divergências que poderiam surgir no que tange à aplicação das normas comunitárias nos Estados da Comunidade.

Direito Comunitário do Trabalho: Aspectos Fundamentais

3.3 O princípio da autonomia do Direito Comunitário

O termo autonomia refere-se à competência de se auto-legislar, ou seja, a possibilidade que um determinado ente tem de instituir e reger-se por normas criadas por ele mesmo (*auto+nomos*).

No Direito Comunitário, podemos verificar tanto a autonomia deste perante a ordem jurídica internacional quanto da ordem jurídica dos Estados Comunitários.

A ordem jurídica comunitária é constituída de um *"complexo de normas que na conformidade do sistema de produção legislativa instituído pelos Tratados, a Autoridade Comunitária está ela própria habilitada a adotar"* (CAMPOS, 1997, p. 224).

Neste sentido, a autonomia se dá em virtude da origem diferente do sistema implementado, da finalidade divergente do mesmo, dos seus diversos destinatários, da existência de seus órgãos, e de seus princípios (CAMPOS, 1997, p. 227).

No que tange a autonomia frente à ordem jurídica internacional, pode-se dizer que o Direito Comunitário se apresenta como uma nova ordem jurídica internacional, sendo internacional por englobar um conjunto de nações com características diferentes e peculiares.

Já no que concerne a sua autonomia frente à ordem jurídica interna de cada um dos Estados-membros, pode-se dizer que esta decorre do fato de a *"própria ordem*

Direito Comunitário do Trabalho: Aspectos Fundamentais

jurídica Comunitária definir autonomamente as suas relações com as ordens jurídicas nacionais – isto é, segundo os seus próprios princípios e critérios". (MOTA, 2000, p. 230)

Entretanto, conforme menciona Roberto Luiz Silva (1995, p. 186), o Tribunal de Justiça das Comunidades Européias (TJCE) chegou ao entendimento de que não pode anular qualquer ato jurídico interno o qual o órgão jurisdicional interno lhe submeta para decisão, ou que haja uma questão de interpretação do direito a ser discutida[4]. Ademais,

> O tribunal não deixa de fazer apelos aos direitos nacionais para deles extrair princípios comuns, que adota como normas comunitárias, ou seja, a autonomia do Direito [da União Européia] não exclui relações de cooperação com os direitos estatais.

Tal impossibilidade anulatória decorreria necessariamente da prevalência da soberania interna de cada Estado para elaborar seus próprios atos normativos. Entretanto, questiona-se se tal decisão foi acertada, tendo em mente que o ordenamento jurídico interno deve

---

4 Ver caso HUMBLET cujo processo é 6/60, de 15 de dezembro de 1960. Disponível em: http://www.camara.gov.br/mercosul/Outros/Arb_Laudo5-bicicletas.htm. Acessado em: 24/042010.

Direito Comunitário do Trabalho: Aspectos Fundamentais

necessariamente se adequar as contingências impostas pelo ordenamento comunitário.

Portanto, pelo simples fato de a autonomia da instituição comunitária como um todo merecer prevalência, os procedimentos jurisdicionais internos deveriam se consubstanciar em institutos pautados primordialmente no Direito Comunitário.

3.3.1 O princípio da subsidiariedade

O princípio da subsidiariedade é expressamente consolidado por força do artigo 3-B do Tratado da Comunidade Européia, e basicamente constitui a extensão dos limites de competência da União Européia, sendo este, exemplo claro a ser seguido pelo Mercosul, no que tange à elaboração e aplicação da norma comunitária. Segundo o artigo *supra*

> a Comunidade atuará nos limites das atribuições que lhe são conferidas e dos objetivos que lhe são cometidos pelo presente tratado. Nos domínios que não sejam das suas atribuições *exclusivas*, a Comunidade intervém apenas, de acordo com o princípio da subsidiariedade, *se a na medida em que os objetivos da ação encarada não possam ser suficientemente realizados pelos*

Direito Comunitário do Trabalho: Aspectos Fundamentais

> *Estados-membros*, e possam, pois, devido à dimensão ou aos efeitos da ação prevista, ser melhor alcançados ao nível comunitário. A ação da Comunidade não deve exceder o necessário para atingir os objetivos do presente Tratado. (grifo nosso).

O princípio consubstanciado no artigo mencionado visa não só a manutenção das ordens jurídicas estatais como também evitar a ingerência desarrazoada da Comunidade em assuntos de interesse exclusivamente interno dos Estados pertencentes a ela, de forma que não haja invasão de competência, em desacordo com os próprios tratados instituidores.

José Alfredo de Oliveira Baracho (1996, p. 76) propõe a definição segundo a qual o princípio da subsidiariedade

> Pressupõe que a entidade comunitária só intervenha se e à medida que os objetivos da ação almejada possam ser mais bem alcançados comunitariamente do que quando realizados pelos Estados-membros. Certas tarefas de interesse geral devem ser confiadas às coletividades próximas, respaldando-se neste princípio, como instrumento da cidadania plena e participativa, que redefine as relações entre Estado, órgãos comunitários e cidadãos, tanto no âmbito institucional quanto de formas de atuação social.

34

Direito Comunitário do Trabalho: Aspectos Fundamentais

A regra geral é que se utilizem meios nacionais de solução de controvérsias, e somente se não for possível a desconsideração do Direito Comunitário, aplicar-se-á o mesmo.

O princípio também visa a que os objetivos alcançados pela Comunidade sejam mais satisfatórios quando a adoção do direito interno possa causar determinado prejuízo ou não puder ser coerente com os interesses da Comunidade como um todo; e ademais, este princípio deve respeitar outro princípio fundamental para a Comunidade, qual seja, o *princípio da proporcionalidade*, haja vista que as ações intentadas devem ser tais que não sejam desproporcionais para atingirem ao fim visado pela Comunidade.

Conforme abordado por Fernando Horta Tavares:

> O princípio é concebido para se amoldar às intenções dos Tratados: a União Européia será preferencialmente obra dos Estados-membros e de seus cidadãos; a integração deve respeitar a identidade histórica, política e cultural dos Estados; o poder político comunitário deve exercer-se a uma esfera o mais próxima possível dos cidadãos. (TAVARES, 2000, p. 32)

No que concerne a extensão do aspecto supranacional do princípio, pode-se dizer que o mesmo visa instituir progressivamente uma Comunidade com

Direito Comunitário do Trabalho: Aspectos Fundamentais

estrutura diferente da dos Estados modernos os quais conhecemos, consolidando lentamente instituições comuns e aceitas por todos os Estados-membros.

Este princípio ajuda-nos a entender a repartição de competências na União Européia, uma vez que possibilita depreender *competências exclusivas da própria União, competências compartilhadas* e *competências exclusivas dos Estados-membros.* Assim, se deve pensar mais em solidariedade do que em subsidiariedade, haja vista que a atuação dos Estados-membros e da estrutura Comunitária prescinde de objetivos comuns.

O protocolo relativo a aplicação do princípio da subsidiariedade regulamenta o Tratado de Amsterdã na parte que este se refere àquele, e estipula que no exercício de sua competência, cada instituição assegurará a observância do princípio da subsidiariedade. Neste sentido, esboça-se a limitação atribuída aos entes comunitários no que se refere a competência deles.

E para a aplicação do princípio são necessários dois requisitos fundamentais estipulados pelo artigo 5º do Protocolo supramencionado, quais sejam:

a) os objetivos da ação prevista não podem ser suficientemente realizados pela ação dos Estados-membros no quadro dos respectivos sistemas constitucionais e;

Direito Comunitário do Trabalho: Aspectos Fundamentais

b) podem por isto ser mais adequadamente realizados por uma ação da Comunidade.

Vê-se, portanto, que na impossibilidade de o Estado resolver determinado conflito, gera-se então a necessidade de o mesmo ser resolvido no âmbito do Direito da União Européia.

4 A QUESTÃO DA SUPRANACIONALIDADE

A evocação do termo supranacionalidade para se referir à estrutura institucional da União Européia é utilizada amplamente por diversos autores, mas recebe criticas e questionamentos por parte de outros, por diversos motivos que serão elencados *a posteriori*.

Convém ressaltar que o ordenamento supranacional constitui uma ordem jurídica diferente de qualquer uma das existentes em todo o mundo, com características ora de Estados, como por exemplo, a própria existência de um ordenamento jurídico com normas próprias, ora com peculiaridades existentes somente naquele, como a prevalência deste ordenamento em detrimento dos ordenamentos estatais, ou a própria e inegável delegação de competências soberanas para órgãos os quais denominaremos de supraestatais.

Direito Comunitário do Trabalho: Aspectos Fundamentais

O Professor Mário Lúcio Quintão Soares (2000, p. 190/191) se refere a uma certa soberania relativa dos Estados constituintes da Comunidade. Para ele

> O princípio da igualdade soberana dos Estados entrou em crise no período da guerra fria. As organizações internacionais adotaram, progressivamente, os sistema de ponderação dos Estados, em função de critérios pré-definidos, como dimensão política, demográfica e extensão territorial. Este princípio, mesmo inserido na Carta da ONU, foi contrariado pela idéia de organização aristocrática da Comunidade Internacional propugnada pelos Estados Unidos da América. O próprio Conselho de Segurança derrogou o mesmo princípio ao estabelecer o poder de veto e a condição de membro permanente deste órgão decisório para as potências vencedoras da Segunda guerra.

Percebe-se, neste ínterim, que a concepção clássica de soberania tem sofrido ao longo da história, profundas e sérias transformações, diante da mudança de concepção estatal decorrente do surgimento de estruturas comunitárias integrantes, tendo se tornado esta algo

Direito Comunitário do Trabalho: Aspectos Fundamentais

completamente diferente do que esboçou Bodin no século XI.[5]

4.1 Supranacionalidade e intergovernabilidade

Qualquer Estado que queira se adequar ao modelo comunitário em estágio avançado de consolidação, deve necessariamente atribuir caráter supranacional a determinadas instituições nele contidas, uma vez que o conceito jurídico de comunidade supera o âmbito somente econômico, para interferir diretamente nos aspectos político, social e cultural de determinado Estado.

Para Adriane Cláudia Melo Lorentz, a supranacionalidade

> É uma característica que não pode ser explanada pelo direito internacional clássico, tampouco pelo direito interno. Mas pode ser explicada por um novo ramo do direito: o direito comunitário. Consiste na reunião de três elementos: a presença de valores ou interesses comuns, a estrutura institucional colocada a serviço dos objetivos comuns e a autonomia dessa estrutura. (LORENTZ, 2001, p.20)

---

[5] Para Jean Bodin, o conceito de soberania é inextricavelmente ligado à algo absoluto, acima de qualquer coisa.

Direito Comunitário do Trabalho: Aspectos Fundamentais

Ou seja, no modelo supranacional institucionalizado, os Estados compartilham finalidades comuns que servem de alicerce para a formação de um direito novo, desvinculado da estrutura normativa vigente nos interior dos Estados-membros, e que se sobrepõe a estes através da consolidação de uma estrutura normativa derivada do Direito dos Tratados, mas superior ao próprio Estado.

Ao contrário, existe também a intergovernabilidade,

> Que se apresenta no sentido de relacionamento entre governos, disso decorrendo o fato de os estados nacionais preservarem a suas autonomias plenamente. E sendo assim, as disposiçoes dos tratados e convenções que entre eles se celebram nao podem jamais impor a qualquer um deles a supremacia de outra, ou qualquer forma de submissão a algum organismo posto acima da soberania. (LORENTZ, 2001, p.30) (grifo nosso)

Estes dois aspectos estão necessariamente distantes quando se deseja exprimir a característica de comunitariedade, haja vista que a intergovernabilidade constitui uma antítese à questão da supranacionalidade, segundo a qual os Estados delegam, ou deixam de exercer

Direito Comunitário do Trabalho: Aspectos Fundamentais

parcela de suas soberanias em detrimento do interesse comunitário.

Alguns autores sustentam que no fenômeno supranacional, há a delegação de determinadas competências soberanas, sendo faculdade do Estado que proporcionou tal delegação tomá-la novamente para si. Outros autores entendem que no modelo supranacional, há a transferência de poderes soberanos, ou seja, não há a possibilidade de o Estado retomar para si os poderes concedidos às instituições comunitárias.

Para que haja, então, uma norma comunitária, necessariamente esta tem de possuir caráter supranacional, em virtude da sua própria natureza ser completamente diversa da natureza de normas simplesmente interestatais.

A concepção de ordenamento supranacional pressupõe necessariamente que a ordem de coordenação existente no direito internacional clássico seja substituída gradativamente por uma ordem de subordinação aos órgãos comunitários, verticalizando a relação entre Estados e Comunidade.

Direito Comunitário do Trabalho: Aspectos Fundamentais

.2 O Mercosul, a Supranacionalidade e a Intergovernabilidade

No âmbito do Mercosul, criado inicialmente para ser apenas uma *área de livre comércio*, vê-se que estes meros limites foram ultrapassados em decorrência do próprio desejo e da necessidade dos Estados-membros aumentarem sua integração para poderem lidar com os desafios da globalização e com as contingências do mercado global.

Não é que estes tinham a simples intenção de manter-se como uma área de livre comércio. Ao contrário, os Estados-parte do Mercosul perceberam que a cooperação em diversos outros campos era indispensável para o atingimento de um grau de integração que pudesse consolidar o bloco como uma potência regional.

O Tratado de Assunção, norma que institui o **Mercado Comum do Cone Sul** (grifo nosso) prevê, por exemplo, em seu artigo primeiro, que *os Estados-membros assumem o compromisso de harmonizarem suas legislações para lograrem o fortalecimento do processo de integração.*

Mas nítido mesmo fica o aspecto supranacional em determinados institutos do Mercosul, quando analisa-se o recente Protocolo de Olivos, tratado anexo ao Tratado de Assunção, que regulamenta a solução de controvérsias entre Estados no contexto do Mercosul, através de procedimento eminentemente arbitral.

Direito Comunitário do Trabalho: Aspectos Fundamentais

Diz o protocolo em seu artigos 26 e 27, com relação a obrigatoriedade de cumprimento dos laudos emitidos pelos tribunais do Mercosul. *In verbis:*

Artigo 26

Obrigatoriedade dos laudos

1. Os laudos dos Tribunais Arbitrais Ad Hoc são obrigatórios para os Estados partes na controvérsia a partir de sua notificação e terão, em relação a eles, força de coisa julgada se, transcorrido o prazo previsto no artigo 17.1 para interpor recurso de revisão, este não tenha sido interposto.
2. Os laudos do Tribunal Permanente de Revisão são inapeláveis, obrigatórios para os Estados partes na controvérsia a partir de sua notificação e terão, com relação a eles, força de coisa julgada.

Artigo 27

Obrigatoriedade do cumprimento dos laudos

Os laudos deverão ser cumpridos na forma e com o alcance com que foram emitidos. A adoção de medidas compensatórias nos termos deste Protocolo não exime o Estado parte de sua obrigação de cumprir o laudo.

Direito Comunitário do Trabalho: Aspectos Fundamentais

Nestas normas de cunho preponderantemente comunitário, percebe-se claramente que os Estados-parte se submetem a jurisdição do órgão comunitário, e em sendo assim, cumprirão voluntariamente as decisões proferidas por ele, pois os destinatários das normas foram aqueles que a criaram.

Entretanto, algumas normas do Mercosul denotam apenas caráter intergovernamental, no sentido de que os Estados-membros possuem plena autonomia perante os órgãos institucionais do Mercosul, e não se vinculam às normas proferidas por estes. Verificando-se o conteúdo expresso no artigo 24[6] do Tratado de Assunção, percebe-se determinada ingerência do Poder Executivo dos Estados constituintes em determinados assuntos do mercosul.

---

[6] Artigo 24 - Com o objetivo de facilitar a implementação do Mercado Comum, estabelecer-se-á Comissão Parlamentar Conjunta do MERCOSUL. Os Poderes Executivos dos Estados Partes manterão seus respectivos Poderes Legislativos informados sobre a evolução do Mercado Comum objeto do presente Tratado.

Direito Comunitário do Trabalho: Aspectos Fundamentais

5 O PAPEL HISTÓRICO E FUNDAMENTAL DAS NORMAS DA ORGANIZAÇÃO INTERNACIONAL DO TRABALHO PARA O DIREITO MUNDIAL DO TRABALHO

Em fins do século XVIII e no início do século XIX, com a ascensão do modelo liberal e da não intervenção do estado nos assuntos econômicos e sociais, a situação do trabalhador se tornou cada vez mais degradante. Crianças, idosos, mulheres trabalhavam 18 horas por dia, em condições precárias de saúde, alimentação, vestuário, numa tentativa, muitas vezes infrutífera, de manutenção da subsistência. Pode-se dizer que na relação capital-empregado, o empregado era equivalente a mercadoria.

Nas palavras do Professor José Luiz Quadros de Magalhães (2008, p. 19)

> Esse individualismo dos séculos XVII e XVIII corporificado no Estado Liberal e na atitude de omissão do Estado diante dos problemas sociais e econômicos conduziu os homens a um capitalismo desumano e escravizador. O século XIX conheceu desajustamentos e misérias sociais que a Revolução Industrial agravou e que o Liberalismo deixou alastrar em proporções crescentes e incontroláveis. Combatida pelo pensamento marxista e pelo extremismo violento fascista, o liberalismo viu0se

Direito Comunitário do Trabalho: Aspectos Fundamentais

encurralado. O Estado não mais pode continuar se omitindo perante os problemas sociais e econômicos.

A partir do momento em que ocorre a consolidação de grupos sociais específicos para a melhoria das condições dos trabalhadores em todos os aspectos a situação começa a mudar e, principalmente, a partir da consciência de classe, surgem os primeiros grupos que futuramente originarão os sindicatos.

Movimentos sociais como o Cartismo e o Ludismo foram demonstrações da insatisfação dos trabalhadores perante as péssimas condições às quais eram submetidos, demonstrações estas que se consolidaram através de boicotes às fábricas, de passeatas, manifestações, de *riots*, dentre outros instrumentos.

Diante do grande agrupamento mundial insurgente em virtude da busca incessante dos trabalhadores pela melhoria das condições de trabalho, das condições de vida, do aprimoramento e da justiça social, começam a surgir organismos internacionais institucionalmente criados, cujo objetivo era e continua sendo a garantia ao trabalhador de padrões mínimos que atendam necessidades vitais básicas.

As Constituições sociais de Weimar de 1919 e a do México de 1917 refletem intrinsecamente a consolidação de padrões referenciais mínimos na efetivação de direitos sociais no mundo.

Direito Comunitário do Trabalho: Aspectos Fundamentais

A Organização Internacional do Trabalho (OIT), criada em 1919 como parte do Tratado de Versalhes que pôs fim à Primeira Guerra Mundial, foi instituída para refletir a crença de que a paz universal e duradoura somente poderá ser conquistada se for baseada na justiça social[7].

Atualmente, pode-se dizer que todos os padrões de condições de trabalho garantidos à maioria dos trabalhadores de países pertencentes à Organização das Nações Unidas provêem de normas estabelecidas no campo da Organização Internacional do Trabalho, sendo que esta é anterior à própria Organização das Nações Unidas.

Portanto, qualquer estado ou comunidade que pretenda estar atrelado aos padrões normativos mínimos exigidos atualmente no âmbito do Direito do Trabalho, como requisitos para implementação de direito fundamentais sociais, necessariamente passará pelas normas estipuladas pela OIT.

A normatividade existente nas convenções da OIT deriva necessariamente do Direito dos Tratados clássico,

---

[7] Texto original: "The ILO (International Labour organization) was created in 1919, as part of the Treaty of Versailles that ended World War I, to reflect the belief that universal and lasting peace can be accomplished only if it is based on social justice". Disponível em:http://www.ilo.org/global/About_the_ILO/Origins_and_history/lang--en/index.htm. Acessado em: 03/04/2010.

sendo indispensável, para que adquiram validade, a incorporação dos mesmos por meio formalmente definido ao ordenamento jurídico interno.

6 A ORGANIZAÇÂO INTERNACIONAL DO TRABALHO E O MERCOSUL

Fundada em 1919 com o objetivo de promover a justiça social, a Organização Internacional do Trabalho (OIT) é a única das Agências do Sistema das Nações Unidas que tem estrutura tripartite, na qual os representantes dos empregadores e dos trabalhadores têm os mesmos direitos que os do governo[8].

A Organização Internacional do Trabalho já existia antes mesmo da Organização das Nações Unidas, e estava inserida no contexto da Sociedade das Nações, embrião da Organização das Nações Unidas (ONU).

Pode-se dizer que este órgão é o principal no mundo no que se refere a direitos sociais do trabalhador, e suas Convenções, cuja natureza de Tratados internacionais impõem aos Estados ratificantes a obrigação de cumprimento integral de seu conteúdo, são

---

[8] Ver em Organização Internacional do Trabalho (OIT). **Conheça a OIT**. Disponível em: http://www.oitbrasil.org.br/inst/index.php. Acessado em: 17/04/2010.

Direito Comunitário do Trabalho: Aspectos Fundamentais

as principais fontes originárias de direitos e obrigações tanto para empregados como para empregadores.

A norma criadora desta organização é sua Constituição de 1919, que sofreu seu principal adendo em 1944, com a Declaração da Filadélfia, a qual estabeleceu os fins e objetivos da Organização e estabeleceu os princípios pelos quais devem se pautar os seus membros.

A seguir serão analisadas as principais convenções da Organização Internacional do Trabalho e o papel que as mesmas possuem como embasamento para um ordenamento justrabalhista no Mercosul.

6.1 Convenção 87 da Organização Internacional do Trabalho

Esta convenção diz respeito á liberdade sindical e à proteção ao direito de sindicalização, tendo entrado em vigor no plano internacional em 1950. Apesar de sua enorme importância, o Brasil não aderiu a ela, tendo o texto da mesma sido enviado ao Congresso Nacional brasileiro em 1949. (PEREIRA, 2008, p.109).

Entretanto, no que tange ao contexto brasileiro, a Constituição Federal de 1988 impôs a unicidade de representação sindical em todos os níveis e manteve a contribuição compulsória dos integrantes das respectivas categorias.

Direito Comunitário do Trabalho: Aspectos Fundamentais

Esta convenção prevê que os trabalhadores e empregadores, sem distinção de qualquer espécie, terão direito de constituir, sem autorização prévia, organizações de sua escolha, bem como o direito de se filiar a essas organizações sobre a única condição de se conformarem com os estatutos das mesmas. Ainda dispõe que estas terão direito de constituir federações e confederações[9].

6.2 Convenção 98 da Organização Internacional do Trabalho

Esta convenção trata do direito de sindicalização e de negociação coletiva tendo entrado em vigor no plano internacional em 1951.

No plano nacional esta convenção foi promulgada pelo decreto 33.196, de 29 de junho de 1953.

O tratado em comento dispõe que os trabalhadores deverão gozar de proteção adequada contra quaisquer atos atentatórios a liberdade sindical em matéria de

---

[9] Convenção (98) - sobre a aplicação dos princípios do direito de sindicalização e de negociação coletiva: Conferência Geral da Organização Internacional do Trabalho - **Artigo 2°**. Disponível em : http://www.ilo.org/ public/portugue/region/ampro/brasilia/info/download/conv_98 .pdf. Acessado em: 03/04/2010.

Direito Comunitário do Trabalho: Aspectos Fundamentais

emprego, ou seja, subordinar o emprego de um trabalhador ao fato de o mesmo não se filiar a sindicato, ou dispensá-lo em virtude de sua filiação[10].

6.3 Convenção 100 da Organização Internacional do Trabalho

Esta convenção dispõe sobre a igualdade salarial para trabalho de igual valor entre o homem e a mulher, tendo entrado em vigor no plano internacional em 1953. No que se refere ao âmbito nacional, sua promulgação se deu através do Decreto 41.721, de 25 de junho de 1957.

Prescreve esta Convenção que a remuneração compreende o salário ou o tratamento ordinário de base, ou o mínimo e todas as outras vantagens, pagas direta ou indiretamente, em espécie ou in natura pelo empregador ao empregado. A não discriminação refere-se justamente à remuneração recebida por homens e mulheres por trabalho de igual valor[11].

---

[10] Idem, Artigo 1º.

[11] Convenção (98) - sobre a aplicação dos princípios do direito de sindicalização e de negociação coletiva: Conferência Geral da Organização Internacional do Trabalho - **Artigos 1º e 2º**. Disponível em: http://www.ilo.org/

Direito Comunitário do Trabalho: Aspectos Fundamentais

6.4 Convenção 111 da Organização Internacional do Trabalho

Esta Convenção refere-se à não discriminação em matéria de emprego e ocupação, tendo entrado em vigor no plano internacional em 1960.

No plano nacional esta foi promulgada pelo Decreto 62.150, de 19 de janeiro de 1968.

Diz a convenção que discriminação compreende toda a d*istinção, exclusão, ou preferência* fundada na raça, cor, sexo, religião, opinião política, ascendência nacional ou original social, que tenha por efeito destruir ou alterar a igualdade de oportunidades ou tratamento em matéria de emprego ou profissão, ou qualquer outra distinção, exclusão ou preferência que tenham o mesmo fim anteriormente citado[12].

---

public/portugue/region/ampro/brasilia/info/download/conv_98.pdf. Acessado em: 03/04/2010.

[12] Idem, Art. 1º.

Direito Comunitário do Trabalho: Aspectos Fundamentais

6.5 Convenção 122 da Organização Internacional do Trabalho

A presente Convenção refere-se à política de emprego, tendo entrado em vigor no plano internacional em 1966. No âmbito nacional, esta Convenção foi promulgada através do Decreto 66.499, de 1970. Esta Convenção estatui que todo membro ratificante formulará e aplicará como objetivo essencial, uma política ativa visando promover o pleno emprego, produtivo e livremente escolhido. Esta política deverá garantir que haja trabalho para todas as pessoas disponíveis em busca de trabalho, que este seja o mais produtivo possível e que haja livre escolha de emprego e que cada trabalhador tenha todas as possibilidades de adquirir as qualificações necessárias para ocupar um emprego que lhe convier[13].

---

[13] Convenção (98) - sobre a aplicação dos princípios do direito de sindicalização e de negociação coletiva: Conferência Geral da Organização Internacional do Trabalho - **Artigo 1º**. Disponível em :http://www.ilo.org/public/portugue/region/ampro/brasilia/inf o/download/conv_98.pdf. Acessado em: 03/04/2010.

Direito Comunitário do Trabalho: Aspectos Fundamentais

6.6 Convenção 135 da Organização Internacional do Trabalho

A presente Convenção refere-se à proteção de representantes de trabalhadores contra quaisquer medidas que possam vir a prejudicá-los, inclusive a despedida, e que seriam motivadas por sua qualidade ou suas atividades como representantes dos trabalhadores sua filiação sindical ou participação em atividades sindicais[14].

Esta Convenção entrou em vigor no plano internacional em 1973, tendo sido promulgada no Brasil somente em 1991, através do Decreto 131.

6.7 Convenção 154 da Organização Internacional do Trabalho

Esta Convenção dispõe sobre o fomento à negociação coletiva tendo entrado em vigor no plano internacional em 1983 e no plano nacional em 1992.

Prevê a Convenção em comento que a Negociação Coletiva compreende todas as negociações que tenham lugar entre, de uma parte um empregador, um grupo de

---

14 Idem, Artigo 1°.

Direito Comunitário do Trabalho: Aspectos Fundamentais

empregadores ou uma organização ou várias organizações de empregadores; e de outra parte, uma ou várias organizações de trabalhadores com o fim de fixar condições de trabalho e emprego, regular as relações entre empregadores e trabalhadores e regular as relações entre os empregadores ou suas organizações e uma ou várias organizações de trabalhadores[15].

6.8 Convenção 158 da Organização Internacional do Trabalho

Pode-se dizer que esta Convenção constitui-se em uma das mais importantes no contexto da Organização Internacional do Trabalho, dispondo a mesma sobre o término da relação de trabalho por iniciativa do empregador. Esta Convenção entrou em vigor no plano internacional em 1985 e, de forma ilegal, foi denunciada pelo Estado brasileiro[16].

---

[15] Convenção (98) - sobre a aplicação dos princípios do direito de sindicalização e de negociação coletiva: Conferência Geral da Organização Internacional do Trabalho - **Artigo 2º**. Disponível em :http://www.ilo.org/public/portugue/region/ampro/brasilia/inf o/download/conv_98.pdf. Acessado em: 03/04/2010.

[16] Para mais informações, MARTINS, Thiago Penzin Alves. **A Denúncia pelo Estado Brasileiro da Convenção 158 da**

Direito Comunitário do Trabalho: Aspectos Fundamentais

Dispõe esta Convenção que não se dará o término a relação de trabalho de um trabalhador a menos que exista para isto uma causa justificadora relacionada com sua capacidade ou seu comportamento, ou baseada nas necessidades de funcionamento da empresa, estabelecimento ou serviço[17].

Dentre os motivos que não podem constituir causa justificadora, estão a filiação a um sindicato ou a participação em atividades sindicais fora das horas de trabalho ou, com o consentimento do empregador durante as horas de trabalho; ser candidato a representante de trabalhadores ou atuar ou ter atuado nessa qualidade; apresentar uma queixa ou participar de um procedimento estabelecido contra um empregador por supostas violações de leis ou regulamentos; a raça, cor, sexo, estado civil, responsabilidades familiares, gravidez, religião,

---

Organização Internacional do Trabalho e a Ilegalidade Internacional do Ato. http://www.cedin.com.br/revistaeletronica/volume5/arquivos_p df/sumario/thiago_martins.pdf. Acessado em: 10/04/2010

[17] Convenção (98) - sobre a aplicação dos princípios do direito de sindicalização e de negociação coletiva: Conferência Geral da Organização Internacional do Trabalho - **Artigo 4°**. Disponível em : http://www.ilo.org/public/portugue/region/ampro/brasilia/info /download/conv_98.pdf. Acessado em: 03/04/2010.

Direito Comunitário do Trabalho: Aspectos Fundamentais

opiniões políticas, ascendência nacional ou origem social e ausência de trabalho durante a licença maternidade[18].

A Convenção 158 prevê a possibilidade de defesa do empregado perante a própria empresa ou justiça do trabalho e estabelece ainda que deverá haver um prazo razoável de aviso prévio ou terá o empregado direito a uma indenização[19].

7 NORMATIVIDADE MERCOSULINA TRABALHISTA

O Protocolo de Las Leñas, ratificado pelo Brasil através do Decreto n°. 2.067, de 12 de novembro de 1996, dispõe sobre a cooperação e assistência jurisdicional no âmbito do Mercosul, no que se refere às matérias civil, comercial, trabalhista e administrativa.

Segundo o Protocolo, os cidadãos dos Estados componentes do Mercosul e residentes permanentes terão o mesmo tratamento jurisdicional nas matérias

---

[18] Convenção (98) - sobre a aplicação dos princípios do direito de sindicalização e de negociação coletiva: Conferência Geral da Organização Internacional do Trabalho - **Artigo 5°**. Disponível em: http://www.ilo.org/public/portugue/region/ampro/brasilia/info /download/conv_98.pdf. Acessado em: 03/04/2010. .

[19] Ibidem, **Artigos. 8° e 11.**

supramencionadas, garantindo assim tratamento equitativo aos mesmos.

Esse Protocolo decorre do compromisso dos Estados Partes de harmonizar suas legislações nas matérias pertinentes para obter o fortalecimento do processo de integração[20].

O Protocolo prevê ainda a indicação de uma autoridade central encarregada de receber as petições de assistência jurisdicional nas matérias estabelecidas, permitindo também a intervenção de outras autoridades competentes sempre que necessário[21].

Os cidadãos e os residentes permanentes dos Estados Partes gozarão, nas mesmas condições dos cidadãos e residentes permanentes de outro Estado Parte, do livre acesso à jurisdição nesse Estado para defesa dos seus direitos, seja pessoa física, seja pessoa jurídica devidamente constituída autorizada ou registrada[22].

Há também a previsão do envio de cartas rogatórias às autoridades jurisdicionais dos Estados Partes

---

[20] BRASIL. Presidência da República. Decreto nº 2.067, de 12 de Novembro de 1996: Promulga o Protocolo de Cooperação e Assistência Jurisdicional em Matéria Civil, Comercial, Trabalhista e Administrativa. **Preâmbulo.** Disponível em: http://www.tex.pro.br/wwwroot/curso/processoeconstituicao/documentos/protocolodelaslenas.htm. Acessado em: 03/04/2010.

[21] Idem, **Artigo 2º**

[22] Ibidem, **Artigo 3º**

Direito Comunitário do Trabalho: Aspectos Fundamentais

para solicitação de diligências de simples trâmite, tais como citações, intimações, citações com prazo definido, notificações ou outras semelhantes e também o recebimento ou obtenção de provas[23].

Vale ressaltar que os instrumentos públicos obtidos nos Estados Partes terão a mesma força probatória que seus próprios instrumentos, não havendo necessidade de legalização, certificação ou qualquer outra formalidade[24].

Chega-se, portanto, à conclusão de que a norma internacional em comento não soluciona todas as questões referentes à competência jurisdicional comunitária, nem tampouco exaure a questão do direito material a ser aplicado ao caso concreto em situações diversas, tais como, a título de exemplo, a de um trabalhador paraguaio, que assina contrato individual de trabalho na Argentina, para trabalhar em fábrica de tecidos chilena e exerce efetivamente suas atividades em território brasileiro. Nestes tipos de situações, a harmonização das normas de direito do trabalho deve se fazer, necessariamente, através do Direito Comunitário.

---

[23] Ibidem, **Artigo 5°**

[24] BRASIL. Presidência da República. Decreto n° 2.067, de 12 de Novembro de 1996: Promulga o Protocolo de Cooperação e Assistência Jurisdicional em Matéria Civil, Comercial, Trabalhista e Administrativa. **Artigos 25 e 26.** Disponível em: http://www.tex.pro.br/wwwroot/curso/processo econstituicao/documentos/protocolodelaslenas.htm. Acessado em: 03/04/2010.

Direito Comunitário do Trabalho: Aspectos Fundamentais

8 DIVERGÊNCIAS ENTRE O ORDENAMENTO COMUNITÁRIO JUSLABORAL, O DIREITO INTERNACIONAL PÚBLICO E O DIREITO INTERNACIONAL PRIVADO

Considerando-se uma efetiva implementação de um ordenamento jurídico comunitário, cujas normas trabalhistas se sobrepõem a simples normas de direito internacional público ou privado, conforme expresso em dogmática clássica, vale ressaltar que aquele é completamente diverso destes, tanto no que se refere ao aspecto procedimental, quanto no aspecto normativo.

Segundo exposição de Jacob Dolinger, o direito internacional privado abrange o exame da nacionalidade, o estudo dos direitos do estrangeiro, as jurisdições as quais este poderá recorrer e ás quais poderá ser chamado, e o reconhecimento das sentenças proferidas no exterior (DOLINGER, 2008, p.3).

Mas o mais importante a se levar em consideração é que as principais fontes do direito internacional privado estão consubstanciadas em normas de direito interno, fato este que torna inviável se considerar o direito comunitário do trabalho como parte do Direito Internacional Privado.

Ademais o autor supramencionado ainda critica que ao contrário do que expõe sua denominação clássica, o direito internacional privado é seguramente público uma vez que seu objeto principal não recai sobre o

Direito Comunitário do Trabalho: Aspectos Fundamentais

individuo privado, mas sobre a norma e sua aplicação no espaço e no tempo (DOLINGER, 2008, p.7).

Ainda vale ressaltar que as normas juslaborais comunitárias não se confundem com as normas emanadas do Direito Internacional Público, apesar de, na sua essência, serem consideradas fontes originárias do Direito Comunitário. É que os tratados internacionais que dão origem ao Direito Comunitário possuem objeto que os distancia enormemente do foco encontrado no Direito Internacional Público, que substancialmente rege as relações conflituosas entre Estados.

9 ANÁLISE SOBRE A POSSIBILIDADE DE CRIAÇÃO DE UM TRIBUNAL SUPRANACIONAL OU SESSÕES TRABALHISTAS SUPRANACIONAIS NO ÂMBITO DO MERCOSUL

Diante de tudo aquilo que já foi exposto, passar-se-á agora a efetiva análise sobre a implementação de tribunais supranacionais no âmbito do Mercosul, mas, para isso iniciaremos esse estudo demonstrando primeiramente a necessidade de harmonização juslaboral nos Estados Mercosulinos, a partir da implementação de um ordenamento jurídico processual e material justrabalhista comunitário.

Direito Comunitário do Trabalho: Aspectos Fundamentais

9.1 Normatividade comunitária justrabalhista: Implementação de harmonia legal

Conforme exposto por Maria Luiza Justo Nascimento, as normas do Mercosul se classificam em originárias e derivadas. Segundo a doutrinadora,

> As normas originárias do Mercosul correspondem a três tratados distintos e complementares: Tratado de Assunção, Protocolo de Ouro Preto e Protocolo de Brasília, conceituados como preceitos institucionais, destinados aos estados membros, tratados fundacionais que fixam diretrizes princípios e definem a estrutura do ordenamento jurídico da organização internacional e que necessitam ser incorporados aos ordenamentos jurídicos dos estados signatários, de forma solene, além de precisarem de regulamentação para que adquiram eficácia (...) (NASCIMENTO, 2008, p. 47-48).

Já as normas derivadas do Mercosul devem ser entendidas como

> Aquelas provenientes de seus órgãos decisórios, encontram seu fundamento de validade nos respectivos tratados constitutivos (...). As chamadas normas derivadas do Mercosul são normas

Direito Comunitário do Trabalho: Aspectos Fundamentais

regulamentais, resultantes das deliberações superiores, ou seja, que tem a função de tornar efetivos os preceitos abstratos contidos nas normas originárias (NASCIMENTO, 2008, p. 49-50).

Entretanto, ao contrário do que acontece com as normas originárias, algumas normas derivadas não necessitam de um procedimento solene de incorporação para gerarem efeitos jurídicos no âmbito jurídico dos Estados Partes.

Sob uma perspectiva comunitarista, as normas justrabalhistas devem possuir todas as características de normas comunitárias, ou seja, estarem amparadas pelos princípios da aplicabilidade direta, primazia, autonomia do direito comunitário e da subsidiariedade. Assim, faz-se necessário que as normas de Direito Comunitário do Trabalho do Mercosul passem por uma incorporação, por meio de tratados originários, que constituíam fontes inderrogáveis e modificáveis apenas pela vontade conjunta dos Estados.

Em sendo normas de previsão de garantias e direito fundamentais expostas nas Constituições de todos os Estados-membros do Mercosul, a garantia de um status supranacional para as mesmas consiste na garantia de melhoria das condições para a implementação destes direitos fundamentais, tanto no que se refere ao âmbito

Direito Comunitário do Trabalho: Aspectos Fundamentais

dos particulares, mas também ao que se refere ao universo das empresas e dos Estados-Partes.

Ademais a comunitarização do trabalho no Mercosul constituiria a criação de um ordenamento jurisdicional e jurídico inovador. Expõe Pereira (2008, p. 56) que o Tratado de Assunção, com seus 24 artigos não cogita em *nenhum deles* os direitos sociais, principalmente no que se refere ao direito do trabalho".

> É importante examinarmos o conceito de cidadania que prevalece nos países que compõem o Mercosul, pois o homem comum neste continente é considerado apenas um percentual eleitoral e com esta cultura tornam-se incompatíveis os interesses do capital com aqueles relacionados com a qualidade de vida e o desenvolvimento do ser humano (PEREIRA, 2008, p.56).

Entendemos também ser de fundamental importância o comentário feito pelo autor antes mencionado dizendo que "existe um consenso em torno da importância da internacionalização dos direitos fundamentais (direitos humanos e direitos sociais) como resposta a globalização da economia" (PEREIRA, 2008, p. 58). Cogita-se ainda sobre a possibilidade de instituição de uma carta social para o Mercosul, mas que seria somente uma medida paliativa de tentativa de instituição de

Direito Comunitário do Trabalho: Aspectos Fundamentais

padrões sociais, que não se coaduna com os interesses e objetivos do Mercosul.

9.2 O caráter universal da principiologia do Direito do Trabalho

Os princípios são pilares de um determinado ordenamento jurídico que indicam quais são os requisitos que devem ser preenchidos por determinada norma para que esta tenha validade, vigência e eficácia.

No direito do trabalho, os princípios possuem um papel especial, vez que norteiam o aplicador do direito em situações nas quais a norma é omissa ou naquelas situações onde a prevalência da proteção do hipossuficiente deve merecer especial resguardo.

Podemos citar como exemplo o princípio da primazia da realidade, que é expressão desta proteção e nas palavras de Américo Plá Rodrigues (1997, p. 227-228), "em matéria de trabalho importa o que ocorre na prática, mais do que aquilo que as partes hajam pactuado de forma mais ou menos solene, ou expressa, ou aquilo que conste em documentos, formulários e instrumentos de controle".

O aspecto universal dos princípios de Direito do Trabalho decorre principalmente da condição do trabalhador, que, nesta qualidade, indiscutivelmente está

Direito Comunitário do Trabalho: Aspectos Fundamentais

sob subordinação do empregador, e na origem histórica da aquisição de direitos fundamentais sociais pela busca em conjunto desses direitos, através dos sindicatos, das agremiações de trabalhadores, de movimentos mundiais de trabalhadores, etc.

A relação de trabalho possui origem internacional, vez que a grande maioria das aquisições de direitos dos trabalhadores se sustenta nos grandes movimentos sociais dos séculos XVIII e XIX.

Neste sentido, serão abordados os princípios mais importantes do ordenamento justrabalhista internacional, de aplicação necessária e condizente com os modelos atuais de implementação de direitos fundamentais.

9.2.1 Principio do in dúbio pró operario

O princípio mencionado acima reflete a própria necessidade de o Estado resguardar os direitos sociais dos cidadãos e garantir a plena efetividade dos mesmos. Sem a proteção do trabalhador em situações nas quais este é comprovadamente a parte hipossuficiente, o Direito do Trabalho se torna inóquo.

Nas palavras de Maurício Godinho Delgado, "trata-se de transposição adaptada ao ramo justrabalhista do princípio jurídico penal *in dúbio pro reo*". Como o empregador é que constitui em devedor na relação de

Direito Comunitário do Trabalho: Aspectos Fundamentais

emprego (e réu na relação processual trabalhista), adaptou-se o princípio à diretriz *in dubio pro misero* (ou *pro operario*). (DELGADO, 2008, p. 213)

Neste enfoque, considerando-se a relação empregatícia, se surgirem dúvidas acerca da aplicação de provas ou de circunstâncias fáticas que afetam tal relação, estas devem ser aplicadas da maneira mais favorável possível ao empregado.

Alguns autores entendem que este princípio é redundante, tendo em mente que ele apenas reitera aquilo que é postulado no princípio da norma mais favorável, não obstante outros entenderem que ele se diferem quanto à aplicação material ou processual.

9.2.2 Princípio da norma mais favorável

O princípio da norma mais favorável é aquele pelo qual a norma justrabalhista deve ser aplicada sempre se levando em conta àquela que seja mais favorável ao trabalhador.

Esta aplicação deverá ser feita levando-se em consideração três hipóteses de consubstanciação distintas. A primeira delas consiste no momento de elaboração da regra, ou seja, no momento o qual a própria regra justrabalhista é elaborada e promulgada pelo legislativo. A segunda consiste no momento no qual há conflito de

Direito Comunitário do Trabalho: Aspectos Fundamentais

regras concorrentes, e a terceira na interpretação hermenêutica da regra jurídica. (DELGADO, 2008, p. 199)

Assim, em qualquer das etapas precedentes à aplicação da norma, deverá ser feita uma análise segundo a qual será aplicada a norma mais benéfica ao obreiro.

9.2.3 Princípio da indisponibilidade dos Direitos Trabalhistas

O cerne do ordenamento juslaboral reside no resguardo dos direitos sociais trabalhistas e na prevalência destes como elementos fundamentais a própria subsistência do empregado. Assim, o princípio da indisponibilidade de direitos justrabalhistas traduz a inviabilidade técnico-jurídica de poder o empregado despojar-se por sua simples manifestação de vontade das vantagens e proteções que lhe asseguram a ordem jurídica e o contrato.(DELGADO, 2008, p. 201)

Segundo Godinho Delgado (2008, p. 202)

> A indisponibilidade inata aos direitos trabalhistas constitui-se talvez no veículo principal utilizado pelo Direito do Trabalho para tentar igualizar, no plano jurídico, a assincronia clássica existente entre os sujeitos da relação socioeconômica de emprego. O aparente contigenciamento

Direito Comunitário do Trabalho: Aspectos Fundamentais

> da liberdade obreira que resultaria da observância desse princípio desponta, na verdade, como o instrumento hábil a assegurar efetiva liberdade no contexto da relação empregatícia (...).

Portanto, como meio de garantir a dignidade do empregado, resguardam-se seus direitos, impedindo até mesmo que ele renuncie a seus direitos.

9.2.4 Princípio da inalterabilidade salarial lesiva ou intangibilidade salarial

O salário é o meio pelo qual o empregado se sustenta, e muitas vezes, sustenta também sua família. É o meio por excelência pelo qual o empregado garante sua subsistência, podendo garantir também a de outras pessoas.

Neste ínterim, a redução desproporcional daquilo que o obreiro aufere pela prestação de seus serviços ou a redução desacordada fere o Direito do Trabalho, e, por conseqüência, qualquer ordenamento jurídico.

Estabelece o princípio que esta parcela justrabalhista merece garantias diversificadas da ordem jurídica, de modo a assegurar seu valor, montante e disponibilidade em benefício do empregado. Este merecimento deriva do fato de considerar-se ter o salário

Direito Comunitário do Trabalho: Aspectos Fundamentais

caráter alimentar, atendendo, pois, a necessidades essenciais do ser humano. (DELGADO, 2008, p. 206)

9.2.5 Princípio da condição mais benéfica

A Constituição Federal resguarda em seu art. 5º, inciso XXXVI, o direito adquirido, ou seja, o direito já incorporado ao patrimônio jurídico de determinado sujeito em decorrência do preenchimento de requisitos ou condições para tanto. E não é só o ordenamento jurídico brasileiro que resguarda tal instituto.

Os ordenamento jurídico dos Estados-membros do Mercosul acolhem o direito adquirido como instituto pertencente a seus ordenamentos, pelo que o mesmo deve ser resguardado.

Nesta linha, o princípio da condição mais benéfica estabelece que nas situações às quais haja contraponto entre dispositivos contratuais concorrentes, deve prevalecer aquele mais favorável ao empregado.

Neste sentido, as condições mais benéficas ao empregado se incorporam a seu contrato como direitos subjetivos do empregado.

Direito Comunitário do Trabalho: Aspectos Fundamentais

9.2.6 *Princípio da imperatividade das normas trabalhistas*

O "dever-ser" das normas jurídicas deve se consubstanciar no fato de que as mesmas criam um dever para os cidadãos de forma indistinta. Assim, as normas jurídicas possuem autoridade para obrigarem os sujeitos de direito a se submeterem às próprias.

As normas juslaborais seguem o mesmo raciocínio que qualquer outra norma jurídica, embora tenham influência principalmente no âmbito juslaboral. Informa tal princípio que prevalece no segmento juslaborativo o domínio das regras jurídicas obrigatórias, em detrimento de regras apenas dispositivas. As regras justrabalhistas são, desse modo, essencialmente imperativas, não podendo, de maneira geral,ter sua regência contratual afastada pela simples manifestação de vontade das partes. (Delgado, 2008, p. 201)

9.2.7 Princípio da primazia da realidade sobre a forma

Em diversas circunstâncias, diante da pressão exercida pelo próprio empregador, o obreiro pode atestar perante juízo determinada circunstância, que faticamente não ocorreu. Por isto, o dever do Magistrado se estrutura

Direito Comunitário do Trabalho: Aspectos Fundamentais

no intuito de avaliar as provas apresentadas em um procedimento judicial, e a partir desta avaliação, tentar obter a realidade concreta dos fatos apresentados. O princípio amplia a noção civilista de que o operador jurídico, no exame das declarações volitivas, deve atentar mais à intenção dos agentes do que ao envoltório formal através de que transpareceu a vontade, ou seja, o próprio instrumento contratual.(GODINHO, 2008, p. 208)

Assim, a análise fática do enredo processual deverá se ater ao maior nível possível de fidelidade à realidade, àquilo que realmente aconteceu, sob pena de se estar desvirtuando o próprio ordenamento.

9.3 Os tribunais do trabalho do Mercosul

Em primeiro lugar, podemos pensar em formas de uniformização dos órgãos judiciais trabalhistas no Mercosul.

A primeira delas consistiria na reunião legislativa e judiciária de todos os órgãos judiciais trabalhistas no Mercosul, dando caráter supranacional aos mesmos e a criação de instâncias padrões para todos os Estados-membros, e de uma instância "constitucionalizada", que se utilizará das normas originárias do ordenamento trabalhista comunitário para o julgamento de questões

72

Direito Comunitário do Trabalho: Aspectos Fundamentais

que por acaso venham a ferir os tratados constitutivos. Neste sentido, seriam estabelecidas normas originárias de Direito processual e material do trabalho, às quais subordinariam todo o âmbito comunitário no qual vigessem.

A segunda possibilidade seria a criação de órgão supranacional responsável por julgar demandas cujo objeto envolva trabalhadores de Estados-membros diversos e que possuem lides determinadas em virtude da aplicação da lei no espaço e no tempo. Esta metodologia deve ser necessariamente implementada pelo Direito Comunitário, seja através de normas originárias, em decorrência de delegação de competência, e conseqüente redução de poderes soberanos para regulamentar a matéria, e a terceira hipótese seria a reunião das duas anteriores, levando-se em consideração uma competência trabalhista ampla, de aplicação imediata e efetiva nos Estados-partes.

A competência trabalhista, então, passa de nacional para supranacional, vez que é o próprio interesse dos Estados-membros em ampliarem o processo de integração que determina isto. Então, serviria como forma de fortalecimento do bloco não apenas no aspecto econômico, mas também no institucional e social.

Na realidade, as hipóteses apresentadas acima constituem mera sugestão metodológica no estabelecimento de competência Laboral *sui generis* que consubstancie os interesses da comunidade mercosulina e os transforme em realidade.

Não são tarefas fáceis, mas o caminho tendente à comunitarização é atualmente, aquele mais adotado pelos países no intuito de se manterem coesos e enfrentarem as contingências mercadológicas atuais.

10 CONSIDERAÇÕES FINAIS

A partir do que foi exposto, pode se concluir que é plenamente possível a implementação de tribunais supranacionais no âmbito do Mercosul, não só específico em matéria trabalhista, vez que o objeto de blocos comunitários se consuma com a comunitarização cada vez maior daqueles que o compõe.

Vê-se como tendência das relações modernas de mercado que suas economias nunca serão auto-suficientes em virtude do princípio da escassez presente na economia.

Conforme citam alguns autores, a supranacionalidade não encontra permissão na Constituição brasileira, em decorrência da existência de órgãos autônomos.

Entretanto, esta ideia é ultrapassada e não merece destaque, vez que atualmente, os grandes objetivos das nações consistem em estreitar laços cada vez mais

Direito Comunitário do Trabalho: Aspectos Fundamentais

contíguos e em maior quantidade possível de áreas para fazer frente ao modelo globalizado.

A criação de órgãos supranacionais com o objetivo de resolução de controvérsias de particulares não conflitua com os órgãos de jurisdição interna, pelo contrário, ambas se complementam de forma a garantir uma prestação jurisdicional que se baseie nos princípios da justiça e da qualidade.

Os princípios de Direito do Trabalho devem fundamentar todo o processo de criação dos tribunais tema deste trabalho, visando a implementação de direitos fundamentais garantidos outrora e que se tornaram cláusulas pétreas em diversos ordenamentos jurídicos.

Muitos autores temem que a superveniência de um ordenamento supranacional modifique radicalmente as formas de relações sociais, não obstante, estes constituirão em um futuro bem próximo a melhor forma de se conciliar Estados soberanos, na acepção clássica do instituto da nacionalidade.

Aspecto que vale ser mencionado é o fato de o Brasil adotar em seu ordenamento jurídico um monismo no qual prevalece o Direito Interno, sendo que esta consiste na necessidade de incorporação de tratados internacionais, através de um procedimento interno solene para que os mesmos tenham validade e eficácia no ordenamento jurídico interno.

Isto constitui um retrocesso para a construção do Direito Comunitário do Trabalho no Mercosul, haja vista

Direito Comunitário do Trabalho: Aspectos Fundamentais

que as normas internacionais do trabalho visam a garantir direitos fundamentais não só aos trabalhadores, mas também aos empregadores, tornando tal relação mais justa e equitativa.

Os órgãos institucionais do Mercosul ainda priorizam a intergovernabilidade em detrimento da supranacionalidade, os interesses estatais individuais em detrimento dos interesses comuns dos Estados. Outrossim, é um equívoco se considerar que todos os Estados-parte estão em igualdade de condições e em harmonia de objetivos.

A "evolução" do Mercosul perpassa necessariamente pela tomada de uma atitude crítica e desenvolvimentista, como ocorreu e ocorre atualmente com a União Européia, visando a integração ao bloco de países de menos, digamos, "status", seja político ou econômico.

Direito Comunitário do Trabalho: Aspectos Fundamentais

REFERÊNCIAS

BORCHARDT, Klaus-Dieter. **O ABC do direito comunitário**. 5. ed. Luxemburgo: Serviço de Publicações das Comunidades Européias, 2000.

CAMPOS, João Mota de; CAMPOS, João Luiz Mota de (Org.). **Manual de direito comunitário:** o sistema institucional, a ordem jurídica, o ordenamento económico da União Européia. 4. ed. Lisboa: Fundação Calouste Gulbenkian, 2004.

CAMPOS, João Mota de. **Direito comunitário**. Volume I. 8. ed. Lisboa: Fundação Calouste Gulbenkian, 1997.

CAMPOS, João Mota de. **Direito comunitário**. Volume II. 5. ed. Lisboa: Fundação Calouste Gulbenkian, 1997.

DELGADO, Maurício Godinho. Curso de Direito do Trabalho. 7. ed. São Paulo: LTr, 2008.

Direito Comunitário do Trabalho: Aspectos Fundamentais

DOLINGER, Jacob. **Direito internacional privado**: Parte Geral: Rio de Janeiro: Renovar, 2008. 578p.

FONTAINE, Pascal. **A Europa em 12 lições**. Bruxelas: Comissão Européia-Serviço de Documentação, 2003.

LOPES, J. J. Almeida. **Tratados europeus explicados:** Roma - 1957, Maastricht - 1992, Amesterdão - 1997 : trabalhos preparatórios de um referendo falhado. Lisboa: Vislis, 1999.

LORENTZ, Adriane Cláudia Melo. **Supranacionalidade no Mercosul**. Curitiba: Juruá, 2001. 126 p.

MAGALHÃES, José Luiz Quadros de. **Direito Constitucional – Curso de Direitos Fundamentais**. São Paulo: Método, 2008.

PARAGUAI. Protocolo de Cooperación y Asistencia Jurisdiccional en Materia Civil, Comercial, Laboral y Administrativo (Protocolo de las Leñas). 1996.

Direito Comunitário do Trabalho: Aspectos Fundamentais

PEREIRA, Josecleto Costa de Almeida. **Globalização do trabalho**: desafios e perspectivas. Curitiba: Juruá, 2008. 136p.

PLÁ RODRIGUEZ, Américo. **Princípios de direito do trabalho**. Trad. Wagner D. Giglio. 4ª tiragem. São Paulo: LTr, 1996.

SOARES, Mário Lúcio Quintão. **Direitos fundamentais e Direito Comunitário – Por uma metódica de direitos fundamentais aplicada às normas Comunitárias**. Belo Horizonte: Del Rey, 2000.

PONTIFÍCIA UNIVERSIDADE CATÓLICA DE MINAS GERAIS. Pró-Reitoria de Graduação. Sistema de Bibliotecas. **Padrão PUC Minas de normalização**: normas da ABNT para apresentação de trabalhos científicos, teses, dissertações e monografias. Belo Horizonte, 2008. Disponível em: <http://www.pucminas.br/ biblioteca>. Acesso em: 02 nov 2009.

QUADROS, Fausto de. **Direito das comunidades européias e direito internacional público**: contributo para

Direito Comunitário do Trabalho: Aspectos Fundamentais

o estudo da natureza jurídica do direito comunitário europeu. Lisboa: Almedina, 1991.

SILVA, Roberto Luiz. **Direito econômico internacional e direito comunitário.** Belo Horizonte: Del Rey, 1995.

TAVARES, Fernando Horta. **A ação de incumprimento no processo comunitário e sua exeqüibilidade no espaço supranacional**. 2002. 218f. Dissertação (Mestrado) - Pontifícia Universidade Católica de Minas Gerais, Programa de Pós-Graduação em Direito.